Couvertures supérieure et inférieure manquantes

NOTES HISTORIQUES ET MÉDICALES

SUR

L'ÉTABLISSEMENT THERMAL

DE

BOURBON - LANCY

# NOTES HISTORIQUES ET MÉDICALES

SUR

## L'ÉTABLISSEMENT THERMAL

DE

# BOURBON-LANCY

(Saône-et-Loire)

—

RENSEIGNEMENTS, TARIFS

—

EAUX CHLORURÉES SODIQUES

Spécialement renommées contre les **affections chroniques**
rhumatismales, nerveuses, scrofuleuses, utérines, chlorotiques,
les fractures non consolidées,
les plaies d'armes à feu, certaines maladies
de la moelle épinière,
la paralysie.

—

PARIS

M. S. BAILLIÈRE ET FILS, LIBRAIRES-ÉDITEURS
Rue Hautefeuille, 19

LYON

C. SAVY, LIBRAIRE DE L'ÉCOLE DE MÉDECINE
26, Rue de Bourbon

1867

# TABLE DES MATIÈRES

Etymologie du nom de Bourbon-Lancy.................. 7
Historique des thermes ............................. 9
Personnages remarquables aux eaux de Bourbon-Lancy...... 11
Les sources de Bourbon-Lancy. — Aspect, goût, thermalité.
    Analyses....................................... 15
Propriétés thérapeutiques des eaux de Bourbon-Lancy...... 19
Service médical..................................... 27
Règlements et tarifs................................. 29
Curiosités de la ville et promenades aux environs......... 31
Petit indicateur..................................... 35

# ÉTYMOLOGIE

## DU NOM DE BOURBON-LANCY.

> Narrabo nomen tuum....
> .. et laudabo. (*Psalm.* 21, 23.)

---

Trois autels votifs à Bourbon-Lancy offrent le nom de la même déesse sous les variantes *Bormo* et *Borvo* et en association constante avec une autre divinité tutélaire des eaux thermales, du nom de *Damona*. Elle est en outre associée, sur l'une des deux inscriptions de Bourbonne-les-Bains, à Apollon, qui paraîtrait avoir aussi été le dieu protecteur des eaux de Bourbon-Lancy. C'est au moins ce que jusqu'à un certain point donne à entendre un passage d'une lettre d'Eumène adressée à Constantin, passage d'après lequel ces eaux comme celles de quelques fontaines en Sicile, à Tyane en Capadoce, auraient servi à l'épreuve des parjures. « *Jam omnia te vocare ad se templa videantur præcipueque Apollo noster cujus ferventibus aquis perjuria puniuntur....*

De *Bormo* ou *Borvo*, s'est formé le nom de Bourbon. Il est réellement étonnant qu'en présence du témoignage formel de la carte théodosienne et des révélations épigraphiques, on ne s'en soit pas aussitôt aperçu.

(ALLMER, sur deux inscriptions votives en l'honneur
de la déesse Bormo.)

---

J'ai montré dans le glossaire gaulois, par lequel j'ai commencé la publication de mon *Etnogénie gauloise*, que Bormo ou Borvo est identique à l'armoricain *bourbon*, *bourbounem*, ampoule, ébullition, bouillonnement ; en gallois *berw*, bouillonnement ; *bwrlymu*, faire glouglou : *bwmbwr*, murmure ; en irlandais *borbhaim*, j'enfle ; *bearbhad*, bouillonnement ; en erse d'Ecosse, *borb*, enfler, enflammer, *borbhan*, murmure. L'idée de bouillonnement est donc celle qu'exprimait d'abord cette racine celtique.

Quant à *Damona* ou *Tamona*, autre épithète ou divinité souvent associée à Bormo, ce nom est exclusivement thermal, car il se compose d'une racine celtique qui signifie chaud ;— armoricain : tomm (tomma, chauffer) ; — Corniq : *tum* ; — gallois : *twym* ; irland : *tomhaidhm*, éruption ; — et de la finale *ona* dont j'ai démontré le sens de divinité par les noms d'*Epona, Sirona, Divona, Nemetona Dervona*, etc.

(ROGET, baron de Belloguet, Lettre au sujet du nom de Bourbon.)

Le surnom de Lancy viendrait d'un ancien seigneur nommé Ancellus.

# HISTORIQUE DES THERMES.

Les précieuses et abondantes sources de Bourbon-Lancy furent captées par les Romains, qui élevèrent auprès d'elles des thermes magnifiques, ainsi que l'attestent les travaux encore existants et notamment le vaste bassin en marbre blanc de la cour, qui servait autrefois de piscine.

Si l'on consulte les anciens auteurs qui ont écrit sur les eaux minérales, on verra qu'il n'en existe aucune en France qui ait joui dans les temps reculés d'une réputation aussi grande que celles de Bourbon-Lancy.

Le docteur Banc, un des premiers auteurs qui aient traité des eaux minérales, s'exprime ainsi sur nos thermes, dans le style rude et naïf de l'époque :

« Le champ de ce traicté est si spacieux aux merveilles encore restantes de l'antiquité dans les ruines de bains et de tout leur voysinage, que si je voulois me laisser emporter au prurit que j'ay de m'égayer parmi les recherches de tant de merveilles, je serois déjà bien avant hors des bornes de mon sujet; seulement, je dirai en passant un peu plus pleinement que j'ai accoutumé, en faveur du lecteur qui n'aura pas désagréable cette plus ouverte recherche de l'antiquité gauloise, que l'art a étudié, par toute sorte de libéral adjacement de dépense et de main, non-seulement d'égaler la nature, mais encore de la surmonter en plusieurs parties qui seroient trop advèrement reconnues en ses eaux, si la course des ans n'eût plus favorisé la nature que l'art. C'est la vérité que qui pourroit voir quelque pièce entière du soin de ceux qui ont voulu par leur emploi et industrie mignarder d'adjencement les anciennes nymphes bourbonnoises, admireroit beaucoup plus en cette œuvre l'art de telles merveilles qu'en iceluy la nature même. »

Lorsque, sortant de la barbarie, les peuples comprirent de nouveau l'importance thérapeutique des eaux minérales, les premiers thermes qui s'ouvrirent furent ceux de Bourbon-Lancy. D'après le témoignage d'Auberi, au xii⁰ siècle, ils étaient fréquentés par les personnages les plus considérables de la France.

En 1542, Catherine de Médicis vint avec succès y chercher un remède contre la stérilité, et c'est en souvenir de sa visite que l'une des sources porte le nom de *la Reine.* En 1580, Henri III et Louise de Lorraine s'y rendirent également avec leur cour.

Depuis cette époque, on vit affluer à Bourbon, pour y faire usage des eaux, tout ce que la province de Bourgogne et la France avaient de plus distingué. (Alibert.)

Ces thermes, appartenant aux Etats de Bourgogne, devinrent propriété nationale à la Révolution, puis en 1805, furent donnés à l'hôpital par l'empereur Napoléon. Ils viennent d'être concédés à une Société, dont les efforts tendront sans cesse à mettre et à maintenir le confortable de l'Établissement à l'égal de l'efficacité de ses eaux. Les salles et les piscines particulières, récemment restaurées, sous la direction de M. Joannard, architecte, sont des plus belles de France et d'Allemagne.

Tous les traitements balnéaires en usage y sont appliqués avec soin, à l'aide d'un personnel expérimenté.

Les étuves y sont chauffées *naturellement* avec la vapeur sortant des sources.

# PERSONNAGES REMARQUABLES AUX EAUX DE BOURBON-LANCY.

C'est en ces bains qu'il semble que Jules César, après la prise d'Alesia, se vint délasser de ses travaux et chercher dans iceux, comme dans la fontaine de *Jovence*, le renouvellement de ses forces. C'est la pensée d'Eumenius, qui vivait à Autun, il y a plus de 1500 ans, dans le panégyrique qu'il adresse à Constantin Auguste (Ragut).

En 1542, sous François Ier, Catherine de Médicis, épouse de Henri II, vint, après neuf ans de stérilité, chercher remède aux eaux de Bourbon, et, dès l'année suivante, « elle commença à produire le petit François deuxième, et après consécutivement cette belle lignée que nous avons vue (Brantôme), et ceci à la grande satisfaction de son médecin Fernel, qui recevait 10,000 écus à chacune de ses délivrances.

Henri II vint y passer quelques jours.

1580. — Henri III s'y rendit plusieurs fois avec sa cour ; il y passa six semaines, en 1580, avec Louise de Lorraine, et y ordonna des travaux considérables, qui furent exécutés sous la direction de Miron, son premier médecin.

1596. — Une des plus illustres dames de Paris, mariée en Bretagne, âgée de 27 ans, prenait les eaux de Bourbon ; c'était la princesse de Rohan.

1601. — M. de Beaulieu, conseiller et secrétaire d'État, avait *adjencé* une forme d'étuve au-dessus du *canal*, dans le *jardin Robert*, pour réparer le défaut des *anciennes*.

1602 à 1608. — Henri IV donna 100,000 livres pour réparer les bains, sous la direction de MM. Beaulieu et Descure. Ce dernier donna son nom à une ancienne fontaine qu'il retrouva.

Marie de Médicis, veuve de Henri IV, vint prendre les eaux.

**1633.** — M. Ronchin, chancelier *es escholles* de Montpellier, ayant amené et guéri à Bourbon la duchesse de Montmorency, dit : « qu'il n'avait jamais rien vu de si majestueux, et que tout ce qui paraissait d'antique en Grèce, en Italie et ailleurs, *n'estait rien a l'égal de ce qui estoit de ces bains.* »

Le maréchal de la Force et la marquise de Saint-Mars vinrent aussi à Bourbon.

**1640.** — Le cardinal de Richelieu visita Bourbon et en fit examiner les eaux en sa présence, et devant les *principaux de sa cour*, par Cythais, son médecin, et par de Montreuil, médecin de *Monsieur le Prince*.

Nous avons de fortes raisons de croire que Richelieu profita de ce voyage pour enlever nos statues, bas-reliefs, mosaïques, etc., et qu'il en orna son château et ses jardins de Reuil, saccagés en 1793.

**1643.** — Vallot, conseiller de Sa Majesté en ses conseils d'État et privés, son premier médecin et surintendant des eaux minérales de France, vint visiter et admirer les bains de Bourbon-Lancy.

**1644.** — La reine d'Angleterre, contrainte de quitter Excester, et réfugiée en France, avait une maladie pour laquelle les médecins lui ordonnèrent les eaux de Bourbon. *Elle y alla avant que de venir à la cour.*

**1655.** — La comtesse du Maure se trouvait à Bourbon-Lancy, et avec elle Mme la duchesse de Longueville, la maréchale de Guebriant, la marquise de Sabli, Mlle de Pons, Mme de Saint-Simon, Mlle de Duras, Mlle de Rambouillet, Mme de Guemenée, Mlle de Bouillon, Mme de Turenne, Mme de Saint-Geran, Mmes de Lhospital, de Charlus, de Mézières, de Villars, Mlle de Vaudy, etc.

**1676.** — Mme de Montespan, la célèbre maîtresse de Louis XIV, vint à Bourbon au mois de mai. Elle y arriva dans une calèche à six chevaux, avec la petite de Thiange. Son train était de quarante-cinq personnes.

M. Fouquet et sa nièce, qui buvaient à Bourbon, furent la voir ; elle causa une heure avec lui. Mme Fouquet s'y rendit le lendemain.

Mme la princesse de Tarente était aussi à Bourbon ; *on lui permit de faire sa cour*, mais un quart d'heure seulement ; cependant elle y avança bien ses affaires.

1680. — Le fameux Lauzun, époux de *Mademoiselle*, prisonnier d'État, sous prétexte de santé fut conduit à Bourbon, où Mme de Montespan et Mlle de Tours, sa fille, s'employèrent, pour adoucir le roi, à obtenir sa renonciation à son apanage de la principauté des Dombes et du comté d'Eu en faveur du duc du Maine.

Mme de Nogent, sœur de Lauzun, l'accompagnait à Bourbon, ainsi que Baraille, officier dévoué à Mademoiselle et au prisonnier ; la maréchale d'Humieu y était aussi. *Lauzun ne sortait pas de chez elle*, quoiqu'il mandât toujours à Mademoiselle *qu'il ne voyait personne*.

M. de Belzunce, beau-frère de Mme de Nogent, vint également à Bourbon ; la marquise de Lévi aussi. Fayon, premier médecin du roi, vint y soigner Mlle de Tours.

1683. — Mme de Louvois apprit à Bourbon la mort de Colbert, et les nouvelles faveurs dont Louis XIV comblait son mari.

1686. — Cette année, la belle Constance de Luynes, comtesse de Verne, vint à Bourbon. Elle fut la maîtresse du prince de Savoie, dont elle eut deux enfants reconnus : un fils qui mourut sans alliance, et une fille qui épousa le prince de Carignan. Ainsi, Mme de Verne est l'arrière grand'-mère du roi Victor-Emmanuel.

1687. — Mme de Sévigné date de Bourbon quelques-unes de ses lettres.

1697. — Lachaise, capitaine de la Porte, frère du Père Lachaise, confesseur du roi.

1698. — Fervaques, gouverneur du Maine et du Perche.

1700. — Chateauneuf, secrétaire d'État.

M. le duc de Beauvillers, gouverneur du duc de Bourgogne, qu'une très-mauvaise santé avait fait aller à Bourbon, en revint avec assez de succès.

1701. — Le roi d'Angleterre, Jacques II, se trouvant fort mal à Saint-Germain, et tombant en paralysie d'une partie du corps, Fagon l'envoya à Bourbon. La Reine d'Angleterre l'y accompagna. Louis XIV fournit magnifiquement à tout, chargea d'Urfé d'aller avec eux de sa part et de leur faire rendre partout les mêmes honneurs qu'à lui-même.

1721. — M^me la marquise de Villeroi, belle-fille du maréchal de Villeroi.

1765. — La marquise de Créquy, M^me de Veaudémont. Cette dernière était issue de ce fameux Jean de Nivelle, que le seigneur de Montmorency, son père, avait déshérité et traité de *chien*, pour avoir suivi le parti du duc de Bourgogne et pour s'être enfui *quand on l'appelait* pour le service du roi.

M^me de Genlis venait alors souvent à Bourbon pendant l'été. Elle donne, dans son roman des *Mères rivales*, de jolis détails sur cette ville et ses environs.

(Extrait des *Études sur le canton de Bourbon-Lancy*,
de M. A. Bernard-Langlois. — Moulins, Martial Place, etc. 1845)

# LES SOURCES DE BOURBON-LANCY.

## Leur aspect, goût, thermalité. Analyses chimiques.

---

Les eaux de Bourbon-Lancy sont salines, toutes thermales, excepté une seule. Elles dégagent une grande quantité de bulles d'air ; le phénomène est beaucoup plus marqué dans le Lymbe, où il communique au liquide un mouvement de soulèvement si prononcé, que cette fontaine a l'apparence d'une immense chaudière en ébullition. Le dégagement du gaz est irrégulier, il est plus marqué à l'approche des orages. Elles sont si chaudes qu'on n'y saurait souffrir la main l'espace d'un *Pater*; cependant elles ne cuisent point les œufs ni l'oseille, et lorsqu'on les boit elle ne brûlent pas les lèvres. (Dictionnaire de Lamartinière.)

L'eau minérale est claire, transparente, onctueuse au toucher, sans odeur ; le Lymbe seul répand, comme les eaux de Carlsbad, une odeur caractérisée de *pot au feu*. Quand on les boit à leur température d'émergence, elles ont un goût d'eau chaude à peine salée ; mais, froides, le goût salin devient prononcé. La fontaine Descure a seule une saveur légèrement nauséabonde ; après leur ingestion, on éprouve à la gorge un léger sentiment de constriction et de chaleur.

A l'abri du contact de l'air, ces eaux se conservent longtemps : on assure que le marquis de Saint-Aubin, père de M$^{me}$ de Genlis, fit apporter à Saint-Domingue un baril plein d'eau thermale de Bourbon-Lancy, laquelle arriva sans être altérée.

Au contact de l'atmosphère, après quelque temps de repos, elles laissent déposer une matière mucoso-animale glaireuse, légèrement verdâtre ; elles deviennent alors beaucoup plus onctueuses et plus douces, et dégagent au bout d'un peu de temps une légère odeur d'œufs couvés. Il se fait alors un travail de décomposition ; les sulfates se changent en hydro-sulfates. Au fond des bassins elles déposent une boue verdâtre, dans laquelle on reconnaît l'existence de l'arsenic et de l'iode et que les médecins emploient en cataplasmes.

L'intérieur des fontaines est tapissé par une multitude de conferves, de forme, de grandeur et de structure différentes. L'élégance de leurs formes, la pureté de leur belle couleur verte au milieu de ce liquide qui paraît en ébullition, frappent et impressionnent toujours vivement les visiteurs.

Les gaz libres, ceux qui se dégagent immédiatement dans l'atmosphère, n'ont point été examinés dans les analyses suivantes. Les proportions indiquées par Berthier doivent s'entendre des gaz restés dissous dans l'eau minérale; la température élevée des sources n'en permet pas une dissolution plus considérable.

### Analyse des Sources.

| | 1re source. Le Limbe | 2e source. St-Léger. | 3e source. Descure. | 4e source. La Reine. | 5e source. Marguer. | 6e source. La Rose. | 7e source. Innommée |
|---|---|---|---|---|---|---|---|
| | 62° | 56° | 58° | 55° | 51° | 20° | 16° |

### Analyse d'un litre.

| | | | | | | |
|---|---|---|---|---|---|---|
| Chlorure de sodium | 1,25 | 1,23 | 1,30 | 1,20 | 1,34 | 1,24 |
| Id. de calcium... | 0,02 | 0,03 | 0,05 | 0,03 | 0,03 | 0,10 |
| Id. de magnésium | 0,01 | 0,02 | 0,40 | 0,04 | 0,02 | 0,05 |
| Iodure de sodium.. | | traces. | traces. | | | |
| Sulfate de soude... | 0,28 | 0,30 | 0,25 | 0,10 | 0,25 | |
| Id. de chaux..... | 0,04 | 0 03 | 0,02 | 0,03 | 0,04 | 0,02 |
| Carbonate de chaux. | 0,09 | » | 0,06 | 0,02 | 0,09 | 0,18 |
| Id. de magnésie. | 0,01 | 0,02 | 0,15 | 0,03 | 0,02 | 0,02 |
| Silice ............ | 0,03 | 0,03 | 0,02 | 0,02 | 0,03 | 0,01 |
| Oxyde de fer....... | 0,02 | 0,02 | 0,02 | 0,09 | 0,02 | 0,02 |
| Arsenic ......... | » | traces. | traces. | » | » | » |
| | 1,75 | 1,68 | 2,27 | 1,56 | 1,84 | 1,64 |

(Docteurs TELLIER et LAPORTE, 1858).

Ces auteurs ne signalent pas dans leurs analyses la potasse, base que M. Berthier a isolée de la manière la plus évidente, et ils ne font pas mention de l'acide carbonique libre constaté par le même et qui se dégage spontanément de la plupart des sources.

Voici les analyses de MM. Berthier et Jacquemont :

| BERTHIER. | JACQUEMONT. |
|---|---|
| LITRES. | LITRES. |
| Acide carbonique libre.......... 0,135 | Acide carbonique libre......... 0, 034 |
| GRAMMES. | Oxigène......................... » » |
| Chlorure de sodium............. 1,170 | Azote........................... 0,4013 |
| — de potassium........... 0,150 | GRAMMES. |
| Sulfate de soude................ 0,130 | Chlorure de sodium............. 1,4691 |
| — de chaux................ 0,075 | Sulfate de soude................ 0,0480 |
| Carbonate de chaux............. 0,210 | — de chaux................ 0,0228 |
| — de magnésie et oxide de fer............traces. | Carbonate de chaux............. 0,0590 |
| | Oxyde de fer................... 0,0103 |
| Silice......................... 0,020 | Silice.......................... 0,0120 |
| | Acide carbonique uni à l'oxyde de fer, et perte................ 0,0693 |
| 1,755 | 1,7210 |

Ces analyses, faites par deux chimistes distingués, présentent une légère différence qui peut tenir à la diversité des sources analysées. Berthier a analysé l'eau de la Reine ; c'est ce qui résulte du rapport de M. Puvis, inséré dans les Annales de la Société d'agriculture de Mâcon. L'analyse de Jacquemont avait paru un an plus tôt dans les mêmes Annales.

# PROPRIÉTÉS THÉRAPEUTIQUES DES EAUX DE BOURBON-LANCY.

Les eaux de Bourbon-Lancy sont effectivement *très-spéciales* dans le traitement du *rhumatisme*. Elles s'appliquent surtout parfaitement au rhumatisme actuellement douloureux, et sous ce rapport se distinguent des eaux rivales dont l'emploi est plus difficile en pareil cas.

(Durand-Fardel, J. Lefort et François, *Diction. des eaux minérales.*)

L'action tonique et excitante des eaux de Bourbon-Lancy me paraît bien démontrée par les faits que j'ai cités, soit par leur action générale comme dans la *chlorose, les scrofules, la fièvre intermittente, l'anémie*, etc., soit enfin comme agent local dans le traitement de diverses *névralgies, de sciatiques, d'entorses anciennes et douloureuses, de fractures mal consolidées, de vieilles luxations*, de douleurs de toutes sortes, dont les observations nombreuses m'entraîneraient bien au-delà des bornes que je me suis prescrites dans ce petit travail.

Mais il est un groupe de maladies que je ne puis passer sous silence, dans lesquelles cette action s'est montrée toute-puissante et me semble bien au-dessus de beaucoup de moyens vantés jusqu'à ce jour. Je veux parler des *paralysies*, quelle que soit la cause première de ces affections, quel que soit l'organe altéré, la nature de l'altération ou l'essentialité de la maladie ; la gravité des symptômes auxquels nous avons eu affaire nous permettait peu d'espérer les succès auxquels nous sommes arrivés.

(D' Tellier, *De l'action des eaux thermales et salines de Bourbon-Lancy*, 1844.)

Il est impossible de ne pas penser que les eaux de Bourbon-Lancy n'aient pas des propriétés identiques à celles de Wiesbaden; on est frappé de leur analogie, non-seulement par leur action physiologique et thérapeutique, mais encore par leur *thermalité et leur composition chimique. Ce rapprochement est évident et incontestable.*

L'indication thérapeutique principale des eaux de Bourbon-Lancy est assurément dans le rhumatisme, quelle que soit sa manifestation externe ou interne, et ainsi qu'il en est des eaux de Wiesbaden, c'est dans les affections rhumatismales chroniques sous toutes leurs formes, paralysies de la sensibilité et surtout du mouvement, névralgies faciales, sciatiques, etc., que la vertu de ces thermes mérite surtout d'être remarquée. La haute température des eaux, leur action sur le tube digestif et sur la peau expliquent les guérisons que l'on a maintes fois obtenues, même chez les rhumatisants qui souffraient depuis longtemps et qu'aucun autre moyen n'avait soulagés.

Si le rhumatisme est extérieur, c'est aux bains et douches d'eau et de vapeur qu'il faut recourir; s'il est intérieur et s'il affecte les membranes séreuses du caveau de l'intestin, accident plus fréquent qu'on ne pense, les bains, les douches d'eau et surtout de vapeur seront employés en même temps que l'injection des eaux les plus chaudes et les plus purgatives, telles que celles de Descure.

Les eaux de Bourbon sont aussi efficaces que les plus vantées pour le rhumatisme.

Les effets des eaux de Bourbon-Lancy, dans les dyspepsies stomacales ou intestinales, découlent de ce qu'on a dit de ces eaux prises en boisson.

L'eau Descure ramène l'intestin à ses fonctions régulières et produit des selles. Elle est efficace dans les congestions et les hypertrophies du foie, lorsque la sécrétion des liquides biliaires ou pancréatiques n'est plus normale.

L'action des eaux de Bourbon, reconstituantes et toniques, même lorsqu'elles purgent, les fait conseiller aux rhumatisants dont le tempérament est nerveux et surtout lymphatique; leurs effets se rapprochent encore des eaux de Wiesbaden sur l'état général. Leur efficacité, lorsqu'elles sont appliquées simultanément à l'intérieur et à l'extérieur dans les scrofules, est très-remarquable.

Les eaux de Saint-Léger sont celles qui doivent être conseillées aux malades qui portent des engorgements, des ganglions lymphatiques, indolents ou abcédés, l'expérience ayant démontré leur valeur contre les écrouelles. Les traitements extérieur et intérieur, et les bains de piscine où l'eau se renouvelle sans cesse, où l'on peut nager, faire de la gymnastique et tous autres exercices, sont alors très-précieux et salutaires.

Les eaux de Bourbon-Lancy sont reconstituantes et toniques, analeptiques par la quantité notable de sodium et par l'oxyde de fer qu'elles renferment. Leur action est donc favorable dans l'anémie ou la chlorose chez des sujets lymphatiques et scrofuleux. Plus les accidents sont profonds et graves, plus elle est efficace, même quand les affections du système articulaire ou osseux proviennent du vice scrofuleux.

L'eau de Saint-Léger en boisson, les bains d'eau courante, les douches d'eau et les cataplasmes de conferves sont les moyens combinés qu'il faut opposer aux tumeurs blanches, aux hydarthroses, aux caries et aux nécroses des os ayant pour cause une diathèse strumeuse.

L'application externe des eaux de Bourbon-Lancy et l'application topique des conferves convient dans les suites de blessures d'armes de guerre, dans les suites de fractures, de luxations, de déchirures tendineuses, d'entorses articulaires, de contusions même avec broiement des os.

Les maladies syphilitiques anciennes sont utilement soignées à Bourbon-Lancy chez les sujets épuisés.

Les eaux de Bourbon-Lancy sont bonnes dans différents accidents nerveux, même dans l'hystérie et dans toutes les formes protéiques que revêt cette aberration du système nerveux.

(ROTUREAU. *Des principales eaux minérales de l'Europe.*)

---

Par l'étude attentive de nos eaux dans les diverses maladies, on arrive bientôt à leur reconnaître trois modes principaux d'action. Dans quelques affections elles agissent d'une manière, pour ainsi dire, spécifique, comme dans le rhumatisme et les névroses, de la même manière que le quina dans les fièvres intermittentes. Dans une deuxième classe, on ne retrouve qu'une action sudorifique : c'est ainsi qu'elles opèrent dans certaines affections de la peau, dans la syphilis constitutionnelle et dans les syphilides. Enfin, il est une foule d'affections où elles n'ont qu'une action tonique et stimulante, comme, par exemple, dans les chloroses, les scrofules et les paralysies. Il est bien entendu que cette distinction n'est pas tellement absolue, que souvent l'on ne remarque la réunion de ces différents modes d'action dans la guérison d'un certain nombre de maladies.

C'est surtout dans les affections rhumatiques ou névralgiques des voies digestives, désignées sous le nom de rhumatisme abdominal, de gastralgies, d'entéralgies, que les eaux salines de Bourbon se montrent dans toute leur énergie.

Les malades de cette classe sont fort restreints à Bourbon, et cependant tous ceux qui s'y rendent obtiennent un résultat si avantageux qu'on a peine à s'expliquer comment le nombre n'en est pas plus considérable. Dans toutes les gastralgies que j'ai eu l'occasion de soigner, l'amélioration a été si prompte que je demeure convaincu qu'il n'est aucune névralgie où l'on puisse espérer avec confiance un succès plus assuré : on se rend facilement compte de la certitude de la médication, par l'action directe du médicament sur la partie malade. L'usage de l'eau à l'intérieur est ici l'agent capital et essentiel, sans lequel le traitement externe est habituellement de peu de valeur. Malheureusement, chez certains malades nous trouvons trop de résistance quand nous conseillons l'eau en boisson ; ils arrivent avec des idées si exagérées sur la propriété excitante de nos eaux, qu'on a bien des craintes à calmer. Cependant, je dois le dire, jamais je n'ai vu l'ingestion d'eau minérale déterminer un sentiment d'ardeur ou de douleur dans l'estomac, jamais je ne l'ai vue déterminer des crampes ou des signes d'irritation. Après l'ingestion d'une verrée d'eau minérale, la boulimie est calmée, l'inappétence et l'anorexie se dissipent ; les digestions pénibles et douloureuses redeviennent normales et régulières.

De tout temps les eaux de Bourbon ont été fréquentées par les scrofuleux. Cette maladie se présente à nous, chaque année, sous toutes ses formes et à tous ses degrés. Je ne veux point ici présenter le tableau, même abrégé, des divers groupes des symptômes que l'on retrouve dans cette affection, depuis le simple engorgement des ganglions jusqu'à l'ulcération profonde du tissu osseux ; toutes ces lésions sont connues même des personnes les plus étrangères à l'art de guérir. Pendant l'administration du traitement, les forces digestives d'abord, puis toutes les fonctions reprennent leur activité. Les principes minéralisateurs s'introduisent par la voie d'absorption ; la peau, excitée par r.

les bains et les douches, fonctionne avec une nouvelle vigueur; le pouls prend de l'ampleur et de la force, et l'on peut suivre chaque jour leur action tonique et bienfaisante sur tous les organes. Les engorgements scrofuleux des ganglions cervicaux et du mésentère, les ulcérations du tissu cellulaire et de la surface cutanée marchent avec rapidité vers la guérison. Mais lorsque l'infection scrofuleuse est plus profonde, lorsque les ligaments, les cartilages, les os ont été profondément affectés, le résultat est plus long à obtenir; ce n'est qu'au bout de deux, quelquefois trois saisons, qu'on remarque des succès qu'on n'osait espérer.

Chaque saison nous amène des jeunes filles au teint pâle, à la face bouffie, aux paupières livides, à la peau terreuse et inanimée; les désordres des organes internes sont encore plus marqués : peu ou point d'appétit, ou désir de substances impropres à la nutrition; nausées, vomissements, constipation, douleurs épigastriques; pouls petit, fréquent; palpitations simulant une affection du cœur; les bruits de souffle ou de diable qu'on entend dans les carotides viennent compléter ce tableau. Après quelques jours de traitement, le teint s'anime et se colore; les lèvres reviennent à leurs couleurs vermeilles; l'œil reprend sa limpidité et son animation, pendant que les fonctions de l'assimilation s'accomplissent avec une activité et une régularité nouvelles. Les menstrues apparaissent, ou si elles n'ont point été interrompues, le sang, de pâle et liquide, est devenu fibrineux et vermeil. A cet âge de la vie, les changements s'accomplissent avec tant de promptitude, que souvent, à la fin d'une saison, on a peine à reconnaître dans cette jeune personne brillante de santé et de bonheur cette même jeune fille qu'on avait vue arriver si triste et si maladive.

Très-certainement le changement de climat, le grand air, la vie active, les longues promenades, les distractions ont une part à réclamer dans ce succès; mais la tonicité des eaux, l'absorption de ces principes minéraux qui manquaient à la constitution du sang, l'excitation des douches qui, frappant sur les organes génitaux, ont réveillé leur vitalité endormie ou pervertie, peuvent réclamer la plus large part dans toutes ces guérisons.

Ce serait ici le lieu d'examiner l'influence des eaux contre la stérilité. Leur réputation, sur ce point, est des plus anciennes : c'est elle qui a valu la présence de Catherine de Médicis à Bourbon-Lancy. Le succès qu'elle en obtint après une longue stérilité, augmenta prodigieusement cette réputation. Dans l'ouvrage du docteur Banc, on trouve consignés plusieurs faits qui confirment cette propriété. Elle peut s'expliquer, dans plusieurs circonstances, par l'action stimulante des douches sur les organes.

L'activité des propriétés sudorifiques de nos eaux les a fait conseiller dans les maladies où il fallait éliminer au dehors un principe morbide. Je ne crois pas qu'il existe d'eau minérale plus favorable pour rappeler une transpiration arrêtée, mais elles ont moins d'énergie pour rappeler une éruption disparue. Dans les accidents secondaires et surtout tertiaires de la syphilis, les faits dont j'ai été témoin confirment pour moi la réputation dont elles jouissent à cet égard. Dans les affections syphilitiques rebelles où les préparations mercurielles ont été longuement administrées, l'action des eaux minérales se présente en première ligne pour combattre ces accidents complexes. J'ai été frappé de la rapidité avec laquelle disparurent tous les symptômes de la syphilis constitutionnelle : douleurs ostéocopes anciennes, périostose du tibia, ulcération du voile du palais ; après vingt jours de traitement, il ne restait plus que quelques traces de périostose. Les préparations mercurielles, administrées depuis fort longtemps, n'avaient obtenu aucun effet, et la maladie s'était aggravée pendant les derniers temps de leur administration.

La révulsion déterminée sur toute la surface cutanée est un excellent moyen dans les diarrhées anciennes et dans les catarrhes pulmonaires chroniques. J'ai eu l'occasion d'observer plusieurs fois la disparition de ces catarrhes chez des personnes âgées, venues aux eaux pour une autre maladie.

Pour terminer la revue que j'ai entreprise, il ne me reste plus qu'à examiner les propriétés de nos eaux minérales dans les rétractions musculaires ou articulaires, dans la faiblesse et le relâchement des articulations, et enfin dans les paralysies.

Lorsque les rétractions sont trop considérables, la section sous-cutanée des muscles et des tendons, ou la déchirure des adhérences par des efforts violents, doivent précéder l'administration des eaux thermales. Mais lorsque la déformation est moins prononcée, en aidant par des moyens mécaniques l'action des eaux, on arrivera à des résultats que de prime-abord on était loin de soupçonner. L'eau administrée en bain de vapeur est le mode d'administration qui m'a le mieux réussi.

Dans les entorses accompagnées de faiblesse et de relâchement, les malades trouveront, dans l'emploi de la douche, le moyen le plus sûr de rendre à l'articulation les forces et l'élasticité qui lui manquent.

Tous les ouvrages d'hydrologie minérale ont placé les eaux de Bourbon en première ligne contre les paralysies; aussi chaque année le nombre des paralytiques est considérable. On devrait entendre par paralysie la cessation complète du mouvement et du sentiment, ou d'une de ces facultés seulement; mais, dans la pratique, on a singulièrement élargi cette distinction : le plus souvent on comprend sous ce nom une simple diminution de la sensibilité ou de la motilité. La paralysie peut être plus ou moins étendue ; elle peut aussi tenir à des causes différentes. Cette dernière distinction est la plus importante.

Lorsqu'elle est déterminée par une métastase rhumatismale ou herpétique, l'espérance de réussite est infiniment plus grande : c'est dans ces circonstances que le médecin peut et doit employer sans crainte toute l'activité, toute la puissance des eaux minérales. Mais, si l'on soupçonne une inflammation ancienne et encore sub-aiguë du cerveau, un ramollissement de la substance encéphalique, le traitement thermal peut être dangereux. Il faut également s'en abstenir si le malade a éprouvé plusieurs attaques d'apoplexie consécutives et rapprochées, s'il existe un état de congestion cérébrale permanente, si le malade est atteint d'une affection organique du cœur ou des gros vaisseaux.

Le premier soin du médecin sera donc toujours de remonter à la cause première de la paralysie, afin de rendre toute méprise impossible. Lorsque la paralysie est la suite d'une attaque d'apoplexie, s'il n'existe plus de congestion cérébrale, si l'épanchement surtout a été déterminé par une cause accidentelle, par la suppression d'une hémorrhagie, par l'oubli d'une saignée accoutumée, on peut avec la plus légitime espérance avoir recours au traitement thermal. Il est une foule de circonstances qui modifieront plus ou moins les résultats : ainsi, toutes choses égales d'ailleurs, on aura beaucoup plus à espérer chez un homme jeune, lorsque les membres conservent l'intégrité des fonctions organiques : l'œdème et la contracture sont d'un fâcheux pronostic lorsqu'ils existent dans un membre paralysé.

Il est inutile d'ajouter que la paralysie est d'autant plus difficile à guérir qu'elle est plus complète et qu'on s'éloigne davantage de l'époque de sa production.

Parmi les paralysies locales la plus fréquente est la paraplégie, ou paralysie des extrémités inférieures ; le plus habituellement elle affecte les deux côtés du corps en même temps.

Elle est déterminée le plus souvent par une inflammation chronique de la moelle épinière ou de ses enveloppes : tantôt elle débute par un état aigu, et de prime-abord la paraplégie se trouve complète ; tantôt sa marche est lente, le malade éprouve des fourmillements, de l'insensibilité, de la faiblesse dans les extrémités inférieures. Ces symptômes augmentent progressivement, jusqu'à la cessation entière du mouvement et du sentiment.

Le traitement thermal est plus certain dans la paraplégie que dans la paralysie générale. Tant que le médecin soupçonne un léger travail inflammatoire, le traitement doit être révulsif ; mais sitôt que le mouvement fluxionnaire n'existe plus, il faut, par des douches sur la colonne vertébrale, réveiller cet engourdissement du système nerveux.

Les guérisons s'opèrent quelquefois sans crises apparentes et d'une manière lente et progressive, d'autres fois la guérison est précédée par une crise le plus habituellement manifestée par des transpirations abondantes, dans quelques circonstances par une éruption à la peau ou par une sécrétion urinaire copieuse.

Nos eaux ne réussissent pas toujours immédiatement ; l'amélioration ne se déclare souvent qu'après le départ des malades : de là l'obligation de rester quelques mois sans entreprendre aucun traitement nouveau. Il est des cas où le premier traitement est suivi d'une augmentation dans les symptômes, surtout dans la douleur : on remarque ce fait dans quelques affections anciennes et la première année d'un traitement thermal. Cette remarque n'est point nouvelle, Bordeau depuis longtemps l'avait reconnue et signalée. Ces faits avaient pour lui un caractère d'évidence si marqué, qu'il a posé cette règle générale : que les eaux minérales ne guérissent les maladies chroniques qu'en les faisant passer à l'état aigu. Les malades qui ont vu leur état s'empirer ne doivent donc point perdre courage : une seconde saison aux eaux enlèvera et cette aggravation momentanée, et la maladie principale.

(D<sup>r</sup> RÉROLLE, *Notice sur les eaux minérales de Bourbon-Lancy, 1849.*)

# SERVICE MÉDICAL

Docteur Tellier, médecin inspecteur.

Docteur Rérolle, médecin inspecteur-adjoint.

## MÉDECINS CONSULTANTS

Docteur Goède.  Docteur Merle.
— Lambert.  — Robert.

## PHARMACIENS

Chapotaut, rue Saint-Jean.

Magnin, — hospice d'Aligre.

# RÈGLEMENTS ET TARIFS

La saison des bains dure du 15 mai au 30 septembre.

L'usage des eaux n'est subordonné à aucune permission ni à aucune ordonnance de médecin.

## TARIF DES BAINS

*Suivant arrêté du 19 octobre 1864, de M. Ch. de la Guéronnière Préfet de Saône-et-Loire.*

| | |
|---|---|
| Bain ordinaire, compris le transport à domicile en chaise à porteurs .................................................. | 1 f. 75 |
| Douche ordinaire............id............... | 1 50 |
| Bain de vapeur..............id............... | 1 75 |
| Bain avec douche en baignoire....id........... | 2 25 |
| 25 centimes en plus pour le transport en chaise à porteurs à l'aller comme au retour. | |
| Pour les traitements ci-dessus, l'Établissement thermal ne fournit pas le linge; suivant l'habitude du pays, il est fourni par les maîtres d'hôtels, les logeurs ou par le baigneur lui-même. | |
| Bain de piscine avec un peignoir et deux serviettes....... | 1 25 |
| Costume de piscine pour femme........................ | 0 25 |
| Caleçon....................................... | 0 10 |
| Douche ascendante vaginale ou faciale avec deux serviettes. | 0 50 |
| Bains de pieds ....................id........ | 0 50 |
| Bain de siége....................id........ | 0 75 |
| Salle d'inhalation........................la séance. | 0 75 |

Aucune rétribution n'est due aux employés pour le service des bains.

Y compris le temps nécessaire à la toilette, la durée des bains est réglementairement d'une heure; celle des bains de vapeur, d'une demi-heure; celle des bains avec douche, d'une heure, dont un quart d'heure de douche. Celle des douches est de quinze minutes, non compris le même temps. Au-delà, les bains et les douches se paieront double.

L'eau minérale bue sur place est gratuite pour les personnes qui suivent un traitement à l'Établissement; celles qui font seulement usage des eaux en boisson paieront 5 centimes au Buvetier chaque fois qu'elles viendront boire aux sources.

L'eau minérale emportée hors de l'Établissement se paiera 20 cent. le litre.

---

Le soin que l'Administration apporte aux divers traitements, et la nécessité de faire, après le bain et la douche, emporter les malades à domicile en chaises à porteur, exige le plus grand ordre dans le service, afin d'éviter les encombrements et les retards qui en seraient la suite.

Les malades qui ne veulent pas passer les derniers sont donc priés, après avoir pris à la caisse leurs billets de traitement, de choisir leurs heures sur les feuilles de service. Chaque heure retenue est marquée et ne peut être donnée deux fois. De cette façon, les premiers sont seuls les plus favorisés, et le malade est certain de ne pas attendre.

Les personnes qui, après avoir fait leur choix, ne pourront pas prendre leur bain ou leur douche à l'heure et au jour indiqués, en obtiendront le changement en prévenant à temps, pour que leur place puisse être donnée à une autre personne.

---

Un registre d'observations sera continuellement tenu par le Régisseur à la disposition du public, afin qu'on y puisse consigner les plaintes qu'on aurait à faire contre les employés.

---

Pour toute espèce de renseignements, s'adresser, par lettre affranchie, à M. le Régisseur de l'Établissement thermal de Bourbon-Lancy (Saône-et-Loire).

# CURIOSITÉS DE LA VILLE ET PROMENADES

## AUX ENVIRONS.

Bourbon-Lancy est une jolie et pittoresque petite ville, d'une population de 3,300 habitants. L'air qu'on y respire est pur et salubre ; les maladies épidémiques y sont inconnues, la phthisie extrêmement rare, les vieillards très-nombreux ; son heureuse situation lui valut, sous la République, le nom de Belle-Vue-les-Bains. Elle ne l'a conservé que jusqu'à la Restauration.

Elle est baignée par la Loire et la Somme, et par deux ruisseaux, le Borne et le Vezon, qui aboutissent à la Loire.

Les étrangers y trouvent un grand nombre d'hôtels, tout le confortable et toutes les ressources désirables. La vie est à des prix modérés ; les environs en sont charmants et offrent des promenades très-variées.

L'Etablissement thermal est situé près d'un vaste parc, ancienne forêt druidique, au milieu duquel se trouve le Casino.

---

## A VOIR :

Hospice d'Aligre. — Statue en argent, de grandeur naturelle, de M<sup>me</sup> d'Aligre, née Louise Charlotte Camus de Pont-Carré, femme d'Étienne-Jean-François marquis d'Aligre, bienfaiteur de l'hospice, auquel il laissa à sa mort (1847) près de 3 millions. — Chaire à prêcher, vieux bois sculpté.

Ruines du château de Bourbon-Lancy. — Un des derniers barons de Bourbon-Lancy fut Lenormand d'Etiolles, fils du fermier général, mari de M<sup>me</sup> de Pompadour.

Musée de la Mairie.

Collections d'antiquités gallo-romaines de M. le docteur R...

Église romane de Saint-Nazaire.

Beffroi de la ville. — Les murs ou l'enceinte de la ville avaient trois portes et trois tours ; deux de ces portes existent encore, une d'elles, surmontée d'un clocher, sert de beffroi.

Vieilles maisons à pans de bois sculptés, près du beffroi et rue Saint-Jean.

Le fourneau au bord de la Loire. — Matelottes renommées. On pêche dans la Loire du poisson excellent : le brochet, la carpe, l'anguille, le barbot, la perche, le garbot, la plie, le goujon, la brême, et beaucoup de poissons blancs. Le saumon, l'alose et la lamproie y voyagent ; 4 kilomètres.

Butte gauloise de Champaubé. — Vue des montagnes du Morvan.

Garnat. — Le Canal ; 9 kilomètres.

Abbaye de Sept-Fonts, fondée en 1731 par les sires de Bourbon. — Chapelle, galeries de gravures et de tableaux ; liqueurs hygiéniques et très-bons fromages ; 10 kilomètres.

Gilly. — Carrière de marbres : 13 kilomètres.

Chizeuil. — Exploitation de mines de fer du Creuzot ; 10 kilomètres.

Forêt de Germiny ; 1 kilomètre.

Saint-Aubin. — Ruine du château de M$^{me}$ de Genlis ; 7 kilomètres.

Château de M$^{me}$ de Vallory ; 6 kilomètres.

Forêt de Mont. — Vue splendide du Belvédère ; 8 kilomètres.

Ruine du château de Mont-Perroux ; 16 kilomètres.

Ruine du château de Folin ; 16 kilomètres.

Ruine du château de Brion.

Cronat. — Château moderne, style Renaissance, de M. Jourdier ; 14 kilomètres.

# PETIT INDICATEUR

DE

## BOURBON-LANCY

Bourbon-Lancy est un chef-lieu de canton du département de Saône-et-Loire, arrondissement de Charolles. Son chef-lieu judiciaire est Chalon-sur-Saône. Il ressort de la cour impériale de Dijon; il dépend de l'Académie de Lyon, de la huitième division militaire et de la dix-neuvième légion de gendarmerie, dont les siéges sont également à Lyon.

Pour le spirituel, il dépend de l'évêché d'Autun.

*Maire* : M. Conche. — *Adjoints* : MM. Goyard et Ravier.

*Juge de paix* : M. Ch. du Crest.

*Commissaire de police* : M. Berger.

## SERVICE DU CULTE.

### Eglise paroissiale.

M. Aupècle, *curé archiprêtre*.

M. Vollot, *premier vicaire*.

M. Langeron, *deuxième vicaire*.

Tous les dimanches, Messe à 6 heures; Grand'Messe à 10 heures.
Eglise succursale de Saint-Nazaire, messe à 8 heures.

### Hospice d'Aligre.

M. GAILLARD, *aumônier.*

Tous les dimanches, dans la chapelle de l'Hospice, Messe à 6 heures et demie.

Messe dite *des Baigneurs*, à 11 heures et demie.

---

## POSTE AUX LETTRES.

M. DE VOLLUÉ, *directeur.*

Le bureau est ouvert de 7 heures du matin à midi, et de 2 heures du soir à 7 heures du soir.

Levées de la boîte à l'Etablissement thermal :

Pour Paris, Lyon, Chagny, Mâcon, 11 heures et demie du matin.

Pour Paris, Lyon, Moulins, Roanne, Digoin, 4 heures et demie du soir.

En ville, une demi-heure plus tard.

### Distribution des courriers.

Ligne de Paris, Lyon, Moulins, Roanne, Digoin : en ville, 8 h 30 m.
— — — — St-Léger, 9 h 30 m.

Ligne de Lyon, Chagny, Mâcon, Autun, Charolles : en ville, 2 h du s.
— — — — St-Léger, 3 h du s.

---

*Notaires :* MM. BONNEAU, CONCHE, MITAINE.

*Huissiers :* MM. GONIN, GROUSSEAU.

*Banquiers :* MM. APPERT, PILLAUD.

*Cabinet de lecture :* GAUTHEY, libraire, rue Saint-Jean.

*Atelier de photographie :* PAILLARD, place de la Mairie.

*Voitures à volonté:* MOREAU. — Omnibus, breack.

— GOLLIARD, hôtel.

Il y a marché à Bourbon-Lancy tous les samedis, sur la place de la Mairie.

Les principales foires de l'année ont lieu les 25 janvier, 25 février, 30 mars, premier et dernier samedi de mai, 28 juillet, 24 août, 8, 9, 25 et 26 octobre, 24 novembre, 22 décembre.

Le 24 juin. — LOUÉE DES DOMESTIQUES, sur la place publique. Les filles à louer sont marquées par une rose, et les garçons par une feuille de noyer à leur chapeau.

Le 8 septembre. — CONCOURS AGRICOLE, bal public, jeux divers, feu d'artifice.

En septembre, le premier jeudi après la Nativité, il se tient à Talemne, en plein champ, une foire très-originale et très-courue.

## VOITURES PUBLIQUES

### BOURBON A MOULINS.

#### Entreprise Golliard.

Départ de Bourbon, 3 h. du soir ; arrivée à Moulins, 6 h. du soir.

Départ de Moulins, 5 h. du matin ; arrivée à Bourbon, 8 h. du matin

#### Entreprise Moreau.

Départ de Bourbon, 5 h. du matin ; arrivée à Moulins, 8 h. du matin.

Départ de Moulins, 5 h. du soir ; arrivée à Bourbon, 8 h. du soir.

## BOURBON A DIGOIN.

### Entreprise Moreau.

Départ de Bourbon, 6 h. du matin; arrivée à Digoin, 8 h 1/2 du matin.

Départ de Digoin, 1 h. du soir; arrivée à Bourbon, 3 h 1/2 du soir.

## BOURBON A MONTCEAU-LES-MINES.

### Entreprise Mazoyer et Chantelut.

Départ de Bourbon, midi 1/2; arrivée à Montceau, 7 heures du soir.

Départ de Montceau, 6 h. du matin; arrivée à Bourbon, midi 1/2.

Cette diligence correspond avec le chemin de fer, à Montceau-les-Mines.

Lyon. — Typ. d'A. Vingtrinier.

www.ingramcontent.com/pod-product-compliance
Lightning Source LLC
Chambersburg PA
CBHW060709050426
42451CB00010B/1349